Mi caballo soñado

Escrito por Ena Keo • Ilustraciones de Patrick Soper
Adaptación al español por Rubí Borgia

STECK-VAUGHN
COMPANY

A Division of Harcourt Brace & Company

Soñé con un caballo dorado que llevaba
una silla de montar plateada.

3

Soñé con un caballo dorado que llevaba
una silla de montar plateada
y que corría por un gran cañón.

Soñé con un caballo dorado que llevaba
una silla de montar plateada
y que corría por un gran cañón
bajo la luz de la luna.

¡conmigo!